les contes ~~de fées~~ défaits!

LE PETIT POUCET

Pour Adèle & Alexis, de la part du plus méchant tonton du monde.
F. C.

Pour Aurélie, la plus futée des trois (puisque la plus jeune !).
Z. Z.

Note de l'éditeur :
certains passages du texte original de Charles Perrault ont été coupés.

www.playbac.fr
ISBN 978-2-8096-5430-1 / Dépôt légal : septembre 2015
Imprimé en France par Pollina - L73382. Cet ouvrage est issu de forêts gérées durablement et de sources contrôlées. PEFC 10-31-2065

Il était une fois un bûcheron et une bûcheronne qui avaient sept garçons ; le plus jeune était fort petit, et quand il vint au monde, il n'était guère plus gros que le pouce, ce qui fit que l'on l'appela le Petit Poucet.

Il vint une année très fâcheuse, et la famine fut si grande que ces pauvres gens résolurent de se défaire de leurs enfants. Un soir que le bûcheron était auprès du feu avec sa femme, il lui dit, le cœur serré de douleur :

– Tu vois bien que nous ne pouvons plus nourrir nos enfants ; je ne saurais les voir mourir de faim devant mes yeux, et je suis résolu de les mener perdre demain au bois.

Le Petit Poucet ouït* tout ce qu'ils dirent. Il ne dormit point du reste de la nuit, songeant à ce qu'il avait à faire. Il se leva de bon matin, alla au bord d'un ruisseau où il emplit ses poches de petits cailloux blancs et ensuite revint à la maison.

*ouït : entendit.

On partit dans une forêt fort épaisse. Le bûcheron se mit à couper du bois et ses enfants à ramasser les broutilles* pour faire des fagots**. Le père et la mère s'enfuirent tout à coup par un petit sentier détourné.

*broutille : petite branche ; **fagot : bouquet de petites branches.

Lorsque ces enfants se virent seuls, ils se mirent à crier et à pleurer de toute leur force. Le Petit Poucet les laissait crier, sachant bien par où il reviendrait à la maison ; car en marchant il avait laissé tomber le long du chemin les petits cailloux blancs qu'il avait dans ses poches. Il leur dit donc :

– Ne craignez point*, mes frères ; je vous ramènerai au logis.

Ils le suivirent, et il les mena jusqu'à leur maison.

*ne craignez point : n'ayez pas peur.

Les bonnes gens étaient ravis de revoir leurs enfants, mais ils résolurent de les perdre encore.
Ils ne purent parler de cela secrètement et furent entendus par le Petit Poucet, qui fit son compte* de sortir d'affaire comme il avait déjà fait ; mais quoiqu'il se fût levé de bon matin pour aller ramasser des petits cailloux, il trouva la porte de la maison fermée à double tour.

*fit son compte : se promit.

Il ne savait que faire, lorsque la bûcheronne leur ayant donné à chacun un morceau de pain pour leur déjeuner, il songea qu'il pourrait se servir de son pain au lieu de cailloux en le jetant par miettes le long des chemins.

Le père et la mère les menèrent dans l'endroit de la forêt le plus épais et les laissèrent là. Le Petit Poucet ne s'en chagrina pas beaucoup, parce qu'il croyait retrouver aisément son chemin par le moyen de son pain qu'il avait semé partout où il avait passé ; mais il fut bien surpris lorsqu'il ne put en retrouver une seule miette : les oiseaux étaient venus qui avaient tout mangé.

Le Petit Poucet grimpa au haut d'un arbre ; il vit une petite lueur comme d'une* chandelle, mais qui était bien loin par-delà la forêt. Ayant marché quelque temps avec ses frères, il la revit en sortant du bois.

*comme d'une : comme celle d'une.

Ils arrivèrent enfin à la maison où était cette chandelle.

Une bonne femme vint leur ouvrir. Elle leur demanda ce qu'ils voulaient ; le Petit Poucet lui dit qu'ils s'étaient perdus dans la forêt. Cette femme les voyant tous si jolis se mit à pleurer :
– Hélas ! mes pauvres enfants, où êtes-vous venus ? Savez-vous bien que c'est ici la maison d'un ogre qui mange les petits enfants ?
– Madame, lui répondit le Petit Poucet, il est bien sûr que les loups de la forêt ne manqueront pas de nous manger, si vous ne voulez pas nous retirer* chez vous. Nous aimons mieux que ce soit Monsieur qui nous mange.
La femme de l'ogre, qui crut qu'elle pourrait les cacher à son mari jusqu'au lendemain matin, les laissa entrer.

*retirer : recevoir.

Comme ils commençaient à se chauffer, ils entendirent l'ogre qui revenait. Aussitôt sa femme les fit cacher sous le lit et alla ouvrir la porte. L'ogre demanda d'abord si le souper était prêt. Il fleurait* à droite et à gauche, disant qu'il sentait la chair fraîche.

– Il faut, lui dit sa femme, que ce soit ce veau que je viens d'habiller** que vous sentez.

*fleurait : sentait ; ** habiller : cuisiner.

Je sens la chair fraîche, te dis-je encore une fois, reprit l'ogre.

En disant ces mots, il se leva de table, et alla droit au lit.

– Ah, dit-il, voilà donc comme tu veux me tromper ! Il tira les garçons de dessous le lit l'un après l'autre. Il alla prendre un long couteau, lorsque sa femme lui dit :

– Que voulez-vous faire à l'heure qu'il est ? N'aurez-vous pas assez de temps demain matin ?

– Tu as raison, dit l'ogre ; donne-leur bien à souper, afin qu'ils ne maigrissent pas, et va les mener coucher.

L'ogre avait sept filles qui avaient toutes le teint fort beau, parce qu'elles mangeaient de la chair fraîche comme leur père.

Elles étaient toutes sept dans un grand lit, ayant chacune une couronne d'or sur la tête. Il y avait dans la chambre un autre lit de la même grandeur ; ce fut dans ce lit que la femme de l'ogre mit coucher les sept petits garçons.

Après quoi, elle alla se coucher auprès de son mari.

Le Petit Poucet avait remarqué que les filles de l'ogre avaient des couronnes d'or.

Il se leva vers le milieu de la nuit, et prenant les bonnets de ses frères et le sien, il alla tout doucement les mettre sur la tête des sept filles de l'ogre, après leur avoir ôté leurs couronnes d'or qu'il mit sur la tête de ses frères et sur la sienne, afin que l'ogre les prît pour ses filles, et ses filles pour les garçons.

ANNETTE SYLVESTRE
Et si on piquait les couronnes en or et qu'après on fiche le camp, dis ?
Retourne te coucher s'teuplaît-merci !
Allez, grouille !

L'ogre, s'étant éveillé sur le minuit, eut regret d'avoir différé* au lendemain ce qu'il pouvait exécuter la veille ; il se jeta donc brusquement hors du lit, et prenant son grand couteau :

– Allons voir, dit-il, comment se portent nos petits drôles.

*différer : reporter.

Il monta donc à tâtons à la chambre de ses filles et s'approcha du lit où étaient les petits garçons, qui dormaient tous, excepté le Petit Poucet. L'ogre sentit les couronnes d'or, alla au lit de ses filles où, ayant senti les petits bonnets des garçons :

– Ah ! les voilà, dit-il, nos gaillards ! travaillons hardiment.

En disant ces mots, il coupa la gorge à ses sept filles, et alla se recoucher.

Aussitôt que le Petit Poucet entendit ronfler l'ogre, il réveilla ses frères. Ils descendirent doucement dans le jardin, et sautèrent par-dessus les murailles. Ils coururent presque toute la nuit.

Tu peux me redire pourquoi on a laissé les couronnes ?
Mais tu vas te taire à la fin !

L'ogre s'étant éveillé dit à sa femme :
– Va-t'en là-haut habiller* ces petits drôles d'hier soir.

*habiller : cuisiner.

Lorsqu'elle aperçut ses sept filles égorgées, elle commença par s'évanouir. L'ogre ne fut pas moins étonné que sa femme lorsqu'il vit cet affreux spectacle.

– Ah ! qu'ai-je fait là ? s'écria-t-il.

Il jeta aussitôt une potée* d'eau dans le nez de sa femme, et l'ayant fait revenir :

– Donne-moi vite mes bottes de sept lieues, lui dit-il, afin que j'aille les attraper.

*potée : pot.

Après avoir couru bien loin de tous côtés, il entra dans le chemin où marchaient ces pauvres enfants. Le Petit Poucet, qui vit un rocher creux, y fit cacher ses six frères, et s'y fourra aussi, regardant ce que l'ogre deviendrait.

L'ogre, qui se trouvait fort las du long chemin qu'il avait fait, voulut se reposer. Il alla s'asseoir sur la roche où les garçons s'étaient cachés et s'endormit.

Le Petit Poucet lui retira doucement ses bottes, et les mit aussitôt. Les bottes étaient fort grandes et fort larges ; mais comme elles étaient fées, elles avaient le don de s'agrandir et de s'apetisser* de sorte qu'elles se trouvèrent aussi justes que si elles avaient été faites pour lui.

*s'apetisser : rapetisser.

Il alla droit à la maison de l'ogre où il trouva sa femme.

– Votre mari, lui dit le Petit Poucet, a été pris par une troupe de voleurs. Il m'a prié de vous dire de me donner tout ce qu'il a, parce qu'autrement ils le tueront sans miséricorde*. Comme la chose presse beaucoup, il a voulu que je prisse** ses bottes de sept lieues.

La bonne femme effrayée lui donna aussitôt tout ce qu'elle avait.

*miséricorde : pitié ; **que je prisse : que je prenne.

Le Petit Poucet chargé de toutes les richesses de l'ogre s'en revint au logis de son père, où il n'est pas possible d'imaginer la joie qu'on eut de le revoir.

Moralité
(c'est du vécu!)
On ne s'afflige point d'avoir beaucoup d'enfants,
Quand ils sont tous beaux, bien faits et bien grands,
Et d'un extérieur qui brille ;
Mais si l'un d'eux est faible ou ne dit mot,
On le méprise, on le raille, on le pille ;
Quelquefois cependant c'est ce petit marmot
Qui fera le bonheur de toute la famille.